Inhaltsverzeichnis

Vorwort

Kapitel 1: Die Magie des Vulkans

1.1 Der Druckaufbau

1.2 Die Eruption

1.3 Das Nachglühen

Kapitel 2: Inspiration aus dem Krater

Kapitel 3: Techniken für explosive Eruptionen

Kapitel 4: Praktische Abenteuer im Vulkan

Kapitel 5: Vulkan-Exkursionen

Kapitel 6: Die Kultur des kreativen Vulkans

Kapitel 7: Kreativität im digitalen Vulkan

Kapitel 8: Blick in die Zukunft des Vulkans

Kapitel 9: Deine kreative Reise beginnt

Anhang: Dein kreatives Toolkit

Vulkan der Ideen: Kreativität entfalten – Techniken für explosive Lösungen
Michael Jablonski

Willkommen zu „Vulkan der Ideen: Kreativität entfalten – Techniken für explosive Lösungen"!

In einer Welt, die ständig im Wandel ist, ist Kreativität nicht nur ein Bonus – sie ist eine Notwendigkeit. Wie ein Vulkan, der mit der Zeit Druck aufbaut, um schließlich in einer spektakulären Eruption auszubrechen, so liegt auch in uns eine enorme kreative Kraft, die darauf wartet, entfesselt zu werden. Dieses Buch lädt dich ein, diese Kraft zu entdecken und zu nutzen, um innovative Lösungen für die Herausforderungen des Alltags zu finden.

Stell dir vor, du stehst am Rand eines beeindruckenden Vulkans. Der Krater glitzert in der Sonne, und die Luft ist erfüllt von einer spannungsgeladenen Energie. Diese Szenerie ist nicht nur ein Bild der Natur, sondern auch eine Metapher für deinen kreativen Prozess. Der Druck, der sich im Inneren aufbaut, ist der Raum für Ideen, die darauf warten, sprudelnd an die Oberfläche zu kommen.

In den folgenden Kapiteln wirst du die verschiedenen Phasen des kreativen Prozesses kennenlernen – vom Druckaufbau über die explosive Eruption bis hin zum Nachglühen der Ideen. Jede Phase wird nicht nur erklärt, sondern auch durch praktische Übungen und inspirierende Geschichten untermauert. Du wirst entdecken, wie du den kreativen Druck für dich nutzen kannst und welche Techniken dir helfen, die besten Ideen zu entwickeln und in die Tat umzusetzen.

Dieses Buch ist mehr als nur ein Leitfaden; es ist ein Abenteuer. Es ist eine Einladung, in die Welt der kreativen Vulkane einzutauchen und deinen eigenen kreativen Flow zu entdecken. Egal, ob du ein Unternehmer, Künstler, Lehrer oder einfach jemand bist, der nach neuen Wegen sucht, um kreativ zu denken – hier findest du

Werkzeuge und Inspiration, um deine Ideen zum Leben zu erwecken.

Lass uns gemeinsam auf diese Reise gehen und den Vulkan in dir zum Ausbrechen bringen. Bereite dich darauf vor, die Welt durch die Linse deiner Kreativität zu betrachten, neue Perspektiven zu entdecken und die Kraft deiner Ideen zu entfesseln. Bist du bereit, den ersten Schritt zu machen?

Viel Freude beim Lesen und Entdecken. **Die Eruption deiner Kreativität beginnt jetzt!**

Michael Jablonski

VULKAN
DER
IDEEN

1

Die Magie des Vulkans

Die Magie des Vulkans ist nicht nur eine Metapher für kreatives Denken, sondern auch ein praktischer Ansatz, um innovative Lösungen zu finden. In diesem Kapitel werden wir die Eruptionsphasen des kreativen Prozesses kennenlernen und herausfinden, wie sich diese Phasen im Alltag manifestieren.

1. Der Druckaufbau

Die erste Phase ist der Druckaufbau, in der Ideen, Inspirationen und Gedanken gesammelt werden – wie Magma, das sich im Erdinneren staut. Hier geschieht etwas Wichtiges: Du spürst den kreativen Druck. Das ist der Moment, in dem Gedanken reifen und Formen annehmen, auch wenn sie noch nicht ganz klar sind.

Psychologische Aspekte
In dieser Phase kann es anfangs frustrierend sein, wenn die Ideen nicht sofort sprudeln. Du könntest das Gefühl haben, dass dir die richtigen Worte fehlen oder dass du in einer kreativen Sackgasse steckst. Doch genau das ist der Punkt, an dem der kreative Prozess beginnt! Es ist wichtig, diesen Druck als wertvolle Energie zu betrachten.

Erweiterte Einblicke
Die Psychologie des Druckaufbaus zeigt, dass wir oft durch äußere Einflüsse, Zeitdruck oder innere Ängste blockiert werden. Ein effektives Mittel, um diesen Druck produktiv zu nutzen, ist das Setzen von klaren Zielen. Ziele geben der kreativen Energie eine Richtung und helfen, den Fokus zu schärfen.

Tipps für den Alltag:

Halte ein kreatives Journal bereit, in dem du deine Gedanken und Ideen festhältst. Notiere alles, was dir in den Sinn kommt, auch wenn es dir unwichtig erscheint. Die Ideen können später überraschend wertvoll sein.

Nutze inspirierende Quellen: Lies Bücher, höre Podcasts oder gehe in die Natur. Lass dich von deiner Umgebung anregen und schaffe Raum für neue Gedanken.

Praktische Herausforderung: Kreatives Journal

Setze dir das Ziel, täglich drei Ideen zu notieren. Nutze dabei verschiedene Inspirationsquellen.

Erstelle eine „Inspirationsmappe" mit Bildern, Artikeln und Texten, die deine Kreativität anregen.

2. Die Eruption

Jetzt kommen wir zur aufregendsten Phase: der Eruption! Hier brichst du mit deinem kreativen Prozess auf und lässt die Ideen sprudeln. Diese Phase ist voller Energie und Inspiration, und oft geschieht sie in den unerwartetsten Momenten – während eines Gesprächs, beim Spaziergang oder sogar in der Dusche.

Beispiele aus der Praxis
Denke an große kreative Durchbrüche in der Geschichte. Steve Jobs und sein Team erlebten eine solche Eruption, als sie das erste iPhone entwickelten. Die Ideen sprudelten, und die Begeisterung führte zu einem revolutionären Produkt, das die Technologiebranche veränderte.

Interaktive Herausforderung: Die Ideenexplosion

Setze dich mit einem Notizbuch und einem Stift an einen ruhigen Ort.

Wähle ein spezifisches Thema oder Problem.

Stelle einen Timer auf 5 Minuten und schreibe alles auf, was dir in den Sinn kommt. Lass den Druck ab und erlaube dir, ohne Zensur zu denken.

Nach der Zeit, schau dir deine Ideen an und wähle die besten aus.

Vertiefung der Eruption Erlaube dir, die Begeisterung zu spüren, wenn deine Ideen sprudeln. Wie ein Vulkan, der Lava speit, kann auch deine Kreativität eine gewaltige Kraft entfalten. Die besten Ideen entstehen oft in Momenten, in denen du dich wohl und entspannt fühlst.

Praktische Herausforderung: Kreative Burst-Sitzung

Organisiere eine „Kreative Burst-Sitzung" mit Freunden oder Kollegen. Setzt euch zusammen und sammelt Ideen zu einem Thema.

Lasst jeder Teilnehmer für 10 Minuten seine Gedanken laut äußern, ohne Unterbrechungen.

3. Das Nachglühen

Nach der Eruption folgt die Phase des Nachglühens, in der du deine Ideen analysierst und verfeinerst. Hier wird das, was aus dir herausgebrochen ist, geformt und vorbereitet, um in die Tat umgesetzt zu werden. Es ist eine Phase der Reflexion und des kreativen Feinschliffs.

Tipps für den Alltag:

Führe regelmäßige Reflexionen durch, um zu überlegen, was funktioniert hat und was nicht. Welche Ideen waren besonders stark? Welche benötigen mehr Arbeit? Schreibe diese Gedanken ebenfalls in dein kreatives Journal.

Setze Prioritäten und erstelle einen Aktionsplan. Wie kannst du die besten Ideen in die Realität umsetzen? Lege Schritte fest und beginne mit der Umsetzung.

Praktische Erkundung: Die Glut der Reflexion

Nimm dir Zeit, um deine besten Ideen aus der vorherigen Herausforderung auszuwählen.

Erstelle eine Liste der nächsten Schritte, die du unternehmen musst, um diese Ideen umzusetzen.

Überlege, welche Ressourcen du benötigst: Zeit, Materialien, Wissen? Notiere auch mögliche Hindernisse und wie du sie überwinden kannst.

Zusammenfassung des Kapitels

In diesem Kapitel hast du die Eruptionsphasen des kreativen Prozesses kennengelernt: Druckaufbau, Eruption und Nachglühen. Jede Phase hat ihren Platz und ihre Bedeutung in deinem kreativen Schaffensprozess.

Reflexionsfragen:

In welcher Phase fühlst du dich gerade?

Welche Techniken wirst du ausprobieren, um deine kreativen Eruptionen zu fördern?

2

Inspiration aus dem Krater

Inspiration ist der Zündfunke, der den kreativen Prozess in Gang setzt. Wie ein Vulkan, der aus seinem Krater heraus ein Feuerwerk von Farben und Energie entfaltet, kann auch deine Kreativität aus verschiedenen Quellen gespeist werden. In diesem Kapitel werden wir untersuchen, wie Kunst, Wissenschaft, Technologie, Natur und soziale Innovationen als treibende Kräfte für deine kreative Eruption dienen können.

1. Kunst als Funkengeber

Kunst ist eine der stärksten Inspirationsquellen für kreative Köpfe. Sie eröffnet neue Perspektiven und regt zum Nachdenken an. Viele Künstler haben die Fähigkeit, komplexe Emotionen und Ideen visuell darzustellen, was uns dazu anregt, die Welt anders zu sehen.

Beispiele aus der Kunstgeschichte

Vincent van Gogh: Seine Werke, wie „Sternennacht", zeigen, wie Emotionen in Farben und Formen umgesetzt werden können. Betrachte, wie die chaotischen Strukturen des Bildes eine Art innere Eruption darstellen.

Frida Kahlo: Ihre Selbstporträts sind nicht nur künstlerische Meisterwerke, sondern auch Ausdruck tiefster persönlicher Erfahrungen. Sie inspiriert uns, unsere eigenen Geschichten in kreative Projekte zu verwandeln.

Kreative Herausforderung: Kunst als Inspirationsquelle

Wähle ein Kunstwerk, das dich anspricht.

Schreibe eine kurze Reflexion darüber, was das Werk in dir auslöst.

Lass dich von diesem Gefühl leiten und erstelle ein eigenes kreatives Projekt, sei es ein Bild, ein Text oder eine andere Form der Kunst.

2. Wissenschaftliche Wunder

Wissenschaft ist eine andere großartige Inspirationsquelle. Der kreative Prozess wird oft durch wissenschaftliche Entdeckungen und Theorien angeregt. Der Zusammenhang zwischen Kreativität und Wissenschaft ist tiefgründig und faszinierend.

Beispiele aus der Wissenschaft

Einstein und die Relativitätstheorie: Seine Vorstellungskraft führte zu revolutionären Ideen über Raum und Zeit. Diese Denkweise ermutigt uns, auch unsere eigenen Grenzen zu hinterfragen.

Charles Darwin: Seine Theorie der natürlichen Selektion zeigt, wie kreative Ideen über Zeit entstehen und sich entwickeln.

Kreative Herausforderung: Wissenschaftliche Entdeckungen

Wähle eine wissenschaftliche Entdeckung, die dich fasziniert.

Überlege, wie diese Entdeckung in deinem eigenen kreativen Prozess Anwendung finden könnte.

Schreibe eine kurze Geschichte oder ein Konzept, das von dieser Entdeckung inspiriert ist.

3. Tech-Trends

Die Technologie hat unsere Kreativität auf vielfältige Weise revolutioniert. Digitale Tools und Plattformen ermöglichen es uns, Ideen schneller zu entwickeln und zu teilen.

Technologische Beispiele

Design Thinking Software: Tools wie Miro oder MURAL helfen dabei, Ideen visuell zu organisieren und den kreativen Prozess zu unterstützen.

Künstliche Intelligenz: Programme wie DALL·E und ChatGPT können als kreative Partner fungieren, indem sie neue Ideen generieren und inspirieren.

Kreative Herausforderung: Technologische Entfaltung

Nutze ein digitales Tool oder eine App, um deine Ideen zu sammeln und zu organisieren.

Experimentiere mit einer neuen Technologie, die deine Kreativität anregen könnte, sei es in Form von Grafikdesign, Musikproduktion oder etwas anderem.

4. Die Natur als Lehrmeister

Die Natur ist ein unerschöpflicher Quell der Inspiration. Vulkane selbst sind nicht nur faszinierende geologische Formationen, sondern auch Symbole für Veränderungen und kreatives Potenzial.

Inspirierende Naturphänomene

Vulkane: Sie zeigen, wie Kraft und Zerstörung in neuem Leben resultieren können. Dieser Kreislauf von Zerstörung und Erneuerung kann auf kreative Prozesse angewendet werden.

Wachstum von Pflanzen: Wie Pflanzen sich ihren Weg durch den Asphalt bahnen, können auch wir Hindernisse überwinden, um kreativ zu sein.

Kreative Herausforderung: Natur inspiriert

Gehe nach draußen und beobachte die Natur um dich herum. Notiere dir, was dir auffällt.

Lass dich von der Natur inspirieren und erstelle ein kreatives Projekt, das die Schönheit oder die Herausforderungen der Natur widerspiegelt.

5. Soziale Innovation

Soziale Innovationen sind kreative Ansätze zur Lösung gesellschaftlicher Probleme. Sie ermutigen uns, außerhalb der gewohnten Denkweisen zu denken und neue Lösungen zu finden.

Beispiele sozialer Innovation

Kreative Gemeinschaftsprojekte: Projekte, die lokale Gemeinschaften stärken und kreative Lösungen für soziale Herausforderungen finden.

Nachhaltigkeitsinitiativen: Ideen, die darauf abzielen, ökologische Probleme zu lösen und gleichzeitig kreative Lösungen zu fördern.

Kreative Herausforderung: Soziale Veränderung

Überlege dir ein soziales Problem, das dir am Herzen liegt.

Entwickle eine kreative Lösung oder ein Projekt, das dazu beitragen könnte, dieses Problem anzugehen.

Zusammenfassung des Kapitels

In diesem Kapitel hast du verschiedene Inspirationsquellen kennengelernt, die kreatives Denken anregen können: Kunst, Wissenschaft, Technologie, Natur und soziale Innovation. Diese Elemente sind wie die verschiedenen Schichten eines Vulkans, die alle zur kreativen Eruption beitragen.

Reflexionsfragen:

Welche Inspirationsquelle hat dich am meisten angesprochen?

Wie kannst du diese Inspiration in deinem eigenen kreativen Prozess nutzen?

Techniken für explosive Eruptionen

In diesem Kapitel werden wir verschiedene Techniken erkunden, die als Katalysatoren für kreative Eruptionen wirken können. Wie bei einem Vulkan, der durch Druck und Hitze eruptiert, kannst auch du deine kreativen Ideen zum Sprudeln bringen. Diese Techniken sind Werkzeuge, die dir helfen, den kreativen Druck aufzubauen, eine explosive Eruption zu erleben und die Nachglüh-Phase effektiv zu nutzen.

1. Brainstorming: Ideen sprudeln lassen

Brainstorming ist eine bewährte Technik, um kreative Ideen zu sammeln. Hierbei wird der kreative Druck aufgebaut und die Teilnehmer ermutigt, ohne Selbstzensur zu denken.

So funktioniert es:

Setze dich in eine Gruppe oder alleine an einen ruhigen Ort.

Bestimme ein spezifisches Thema oder Problem, auf das du dich konzentrieren möchtest.

Schreibe alles auf, was dir in den Sinn kommt – ohne zu urteilen oder zu kritisieren.

Erweiterte Tipps:

Varianten des Brainstormings: Probiere verschiedene Ansätze aus, wie z.B. das „Reverse Brainstorming", bei dem du überlegst, wie du ein Problem verschlimmern könntest, um dann kreative Lösungen zu finden.

Visuelle Hilfsmittel: Nutze Mind Maps, um deine Ideen zu organisieren und die Verbindungen zwischen ihnen sichtbar zu machen.

Interaktive Herausforderung: Brainstorming-Session

Setze einen Timer auf 10 Minuten.

Schreibe in dieser Zeit so viele Ideen wie möglich zu deinem Thema auf.

Nach der Zeit, gruppiere die Ideen in Kategorien und wähle die vielversprechendsten aus.

2. Mind Mapping: Gedanken visuell entfalten

Mind Mapping ist eine kraftvolle Technik, die hilft, Gedanken visuell zu strukturieren. Sie nutzt Farben und Bilder, um Verbindungen zwischen Ideen darzustellen.

So funktioniert es:

Beginne mit einem zentralen Konzept oder Thema in der Mitte eines Blattes.

Zeichne Äste, die verwandte Ideen darstellen. Verwende Farben und Bilder, um die Mind Map ansprechend und intuitiv zu gestalten.

Vorteile des Mind Mappings:

Es fördert kreatives Denken, indem es visuelle Assoziationen schafft.

Es hilft, komplexe Ideen zu vereinfachen und zu organisieren.

Praktische Erkundung: Erstelle deine eigene Mind Map

Wähle ein Thema, das dich interessiert.

Beginne mit einer zentralen Idee und erweitere sie mit Ästen, die verwandte Gedanken darstellen.

Verwende Farben und Symbole, um die Map visuell ansprechend zu gestalten.

3. Design Thinking: Empathie trifft Innovation

Design Thinking ist ein kreativer Prozess, der darauf abzielt, innovative Lösungen zu finden, indem man die Bedürfnisse der Benutzer in den Mittelpunkt stellt. Es ist ein iterativer Prozess, der Empathie, Kreativität und Analyse kombiniert.

Phasen des Design Thinking:

Verstehen: Identifiziere die Bedürfnisse der Benutzer durch Interviews und Beobachtungen.

Definieren: Formuliere eine klare Problemstellung basierend auf den gesammelten Informationen.

Ideen entwickeln: Brainstorme verschiedene Lösungen für das definierte Problem.

Prototyping: Erstelle einfache Prototypen, um Ideen zu testen und Feedback zu erhalten.

Testen: Teste die Prototypen und passe sie basierend auf dem Feedback an.

Interaktive Herausforderung: Design Thinking-Workshop

Wähle ein reales Problem, das du lösen möchtest.

Durchlaufe die Phasen des Design Thinkings und arbeite an deiner Lösung.

Teste deine Lösung und erhalte Feedback von anderen.

4. Reverse Engineering: Lösungswege neu denken

Reverse Engineering ist eine Technik, die oft in der Produktentwicklung verwendet wird, um bestehende Lösungen zu analysieren und neue Ideen zu entwickeln. Anstatt von einer Idee zu einer Lösung zu gelangen, beginnst du mit der Lösung und arbeitest rückwärts.

So funktioniert es:

Wähle ein Produkt oder eine Idee, die du bewunderst.

Analysiere die Schritte und Überlegungen, die zur Entwicklung dieses Produkts geführt haben.

Überlege, wie du diesen Prozess auf dein eigenes kreatives Problem anwenden kannst.

Praktische Erkundung: Reverse Engineering in Aktion

Wähle ein Produkt oder eine Lösung, die dir gefällt.

Schreibe die Schritte auf, die zur Entwicklung dieses Produkts geführt haben.

Überlege, wie du ähnliche Schritte für deine eigenen kreativen Projekte anwenden kannst.

Zusammenfassung des Kapitels

In diesem Kapitel hast du verschiedene Techniken kennengelernt, die dir helfen, kreative Eruptionen zu fördern: Brainstorming, Mind Mapping, Design Thinking und Reverse Engineering. Diese Werkzeuge sind deine Verbündeten auf der Reise zur Entfaltung deiner Kreativität.

Reflexionsfragen:

Welche Technik hat dich am meisten angesprochen?

Wie kannst du diese Techniken in deinem Alltag anwenden, um deine Kreativität zu fördern?

Praktische Abenteuer im Vulkan

In diesem Kapitel werden wir praktische Herausforderungen und kreative Techniken vorstellen, die dir helfen, deine kreativen Fähigkeiten zu entfalten. Wie ein Vulkan, der regelmäßig Eruptionen hat, solltest auch du Gelegenheiten schaffen, um deine Ideen sprudeln zu lassen. Diese Abenteuer sind darauf ausgelegt, dich aus deiner Komfortzone herauszuholen und den kreativen Druck zu nutzen, um neue Perspektiven und Lösungen zu finden.

1. Eruption-Übungen: Kreativität entfalten

Eruption-Übungen sind darauf ausgelegt, die kreative Energie freizusetzen und dir zu helfen, neue Ideen zu entwickeln. Diese kurzen, zielgerichteten Herausforderungen können helfen, die kreativen Blockaden zu durchbrechen.

Praktische Herausforderung: Die 30-Tage-Ideen-Challenge

Ziel: Täglich eine neue Idee entwickeln, um den kreativen Muskel zu trainieren.

Durchführung: Schreibe jeden Tag eine neue Idee auf, egal wie groß oder klein sie ist. Das können neue Projekte, Konzepte oder auch persönliche Ziele sein. Am Ende des Monats hast du 30 neue Ideen, die du weiterverfolgen kannst.

Reflexionsfragen:

Welche Ideen waren am inspirierendsten?

Gibt es Muster oder Themen, die du in deinen Ideen siehst?

2. Team-Challenges: Gemeinsam Ideen zum Leben erwecken

Kreativität blüht oft in der Gemeinschaft. Team-Challenges fördern nicht nur den kreativen Austausch, sondern bringen auch verschiedene Perspektiven zusammen.

Praktische Herausforderung: Der Kreativitätsmarathon

Ziel: In kurzer Zeit gemeinsam viele Ideen zu entwickeln.

Durchführung: Versammle ein Team und setze einen Timer auf 1 Stunde. Wählt ein Thema oder Problem und brainstormt so viele Ideen wie möglich. Anschließend präsentiert jeder seine besten Ideen, und das Team diskutiert, welche weiterverfolgt werden sollen.

Vorteile der Teamarbeit:

Unterschiedliche Perspektiven: Teammitglieder bringen verschiedene Hintergründe und Erfahrungen ein, die zu neuen Ideen führen können.

Gemeinschaftsgefühl: Die Zusammenarbeit schafft ein Gefühl der Zugehörigkeit und Motivation.

3. Die Kraft der Reflexion: Nach der Eruption

Nach jeder kreativen Eruption ist es wichtig, zu reflektieren, was funktioniert hat und was verbessert werden kann. Reflexion ist ein wesentlicher Bestandteil des kreativen Prozesses und hilft dir, deine Erfahrungen zu verarbeiten.

Praktische Herausforderung: Das Reflexionsjournal

Ziel: Tägliche Reflexion über kreative Prozesse und Erfahrungen.

Durchführung: Halte ein Journal, in dem du nach jeder kreativen Sitzung notierst, was du gelernt hast. Was hat gut funktioniert? Was hättest du anders machen können? Welche neuen Ideen sind entstanden?

Reflexionsfragen:

Welche Techniken haben dir am besten geholfen?

Wie hat die Reflexion deine Sicht auf den kreativen Prozess verändert?

Zusammenfassung des Kapitels

In diesem Kapitel hast du verschiedene praktische Abenteuer kennengelernt, die deine Kreativität anregen können: Eruption-Übungen, Team-Challenges, digitale Ressourcen und die Bedeutung der Reflexion. Diese Aktivitäten werden dir helfen, den kreativen Druck zu nutzen und innovative Lösungen zu finden.

Reflexionsfragen:

Welche Herausforderungen wirst du ausprobieren?

Wie kannst du deine kreativen Abenteuer in deinen Alltag integrieren?

Vulkan-Exkursionen

In diesem Kapitel machen wir eine aufregende Reise durch die Welt der kreativen Eruptionen. Wie Vulkane, die gelegentlich ausbrechen und die Landschaft verändern, haben auch innovative Denker und kreative Köpfe durch ihre Ideen die Welt geprägt. Wir werden verschiedene Geschichten von Innovatoren betrachten und ihre Erfahrungen mit den natürlichen Prozessen von Vulkanen vergleichen. Diese Exkursionen sollen dich inspirieren und dir zeigen, dass kreative Durchbrüche oft das Ergebnis harter Arbeit, Experimentierfreude und gelegentlicher Rückschläge sind.

1. Kreative Helden und ihre Eruptionen

Steve Jobs und das iPhone Steve Jobs war bekannt für seine Fähigkeit, kreative Eruptionen zu erzeugen. Als er das iPhone entwickelte, war dies mehr als nur die Einführung eines neuen Produkts – es war eine Revolution. Jobs und sein Team durchliefen viele Phasen des kreativen Prozesses, vom Druckaufbau über die explosive Eruption bis hin zum Nachglühen, als sie das Produkt perfektionierten.

Vergleich mit einem Vulkan: Wie ein Vulkan, der plötzlich eruptiert, kam das iPhone mit voller Wucht auf den Markt und veränderte die Technologiebranche für immer. Die Herausforderung war, die unvorhersehbaren Elemente der Kreativität zu kontrollieren und die besten Ideen ans Licht zu bringen.

Frida Kahlo und ihre Selbstporträts Frida Kahlos Kunst ist ein weiteres Beispiel für kreative Eruptionen. Ihre Gemälde sind nicht nur Ausdruck ihrer persönlichen Schmerzen und Kämpfe, sondern auch von großer kultureller Bedeutung. Kahlo nutzte ihre Kreativität, um sich mit ihrer Identität und den gesellschaftlichen Herausforderungen auseinanderzusetzen.

Vergleich mit einem Vulkan: Kahlos Kunstwerke sind wie Vulkane, die emotionale Lava ausstoßen und die Betrachter in ihren Bann ziehen. Sie hat es geschafft, ihre inneren Konflikte in Kunst zu verwandeln, die weltweit geschätzt wird.

2. Lektionen aus historischen Vulkanausbrüchen

Der Ausbruch des Vesuvs Der Ausbruch des Vesuvs im Jahr 79 n. Chr. ist eines der bekanntesten Beispiele für vulkanische Eruptionen. Die Zerstörung von Pompeji und Herculaneum zeigt, wie Naturgewalten das Leben der Menschen beeinflussen können. Doch aus der Asche sind wertvolle archäologische Erkenntnisse entstanden.

Kreative Lehren: Diese Katastrophe lehrt uns, dass aus Zerstörung Neues entstehen kann. So wie aus den Trümmern von Pompeji Erkenntnisse gewonnen wurden, können auch unsere Rückschläge und Misserfolge zu kreativen Durchbrüchen führen.

Der Ausbruch des Krakatau Der Ausbruch des Krakatau im Jahr 1883 war eine der verheerendsten Eruptionen in der Geschichte. Die globale Kühlung und die nachfolgenden klimatischen Veränderungen waren nicht nur katastrophal, sondern führten auch zu einer globalen Bewusstseinsänderung über Natur und Umwelt.

Kreative Lehren: Diese Eruption zeigt uns, dass Veränderungen oft unerwartete Reaktionen hervorrufen können. In der Kreativität bedeutet dies, dass wir bereit sein sollten, aus unseren Erfahrungen zu lernen und unsere Ansätze zu adaptieren.

Elon Musk und die Raumfahrt Elon Musk hat mit SpaceX und seinen ambitionierten Zielen, den Mars zu besiedeln, die Grenzen des Möglichen neu definiert. Seine Vision und sein unermüdlicher Einsatz für Innovation sind das Resultat eines kreativen Prozesses, der von Mut und Entschlossenheit geprägt ist.

Vergleich mit einem Vulkan: Musk ist wie ein Vulkan, der unaufhörlich neue Ideen sprudeln lässt, selbst wenn er auf Widerstände stößt. Seine Fähigkeit, aus Misserfolgen zu lernen und nicht aufzugeben, ist eine Lektion für jeden kreativen Kopf.

Toni Morrison und die Literatur Toni Morrison hat in ihren Werken eine Stimme für die Ungehörten geschaffen und komplexe Themen wie Rasse, Identität und Feminismus behandelt. Ihre Kreativität entblättert sich wie die Schichten eines Vulkans und bietet eine reiche Erzählweise, die tief im menschlichen Erleben verwurzelt ist.

Vergleich mit einem Vulkan: Morrisons Texte sind wie Vulkane, die Emotionen und Geschichten freisetzen und den Leser dazu bringen, über gesellschaftliche Normen nachzudenken. Sie hat mit ihrer Stimme die literarische Landschaft geprägt.

Zusammenfassung des Kapitels

In diesem Kapitel hast du inspirierende Geschichten von Innovatoren und deren kreative Durchbrüche kennengelernt. Wir haben die Eruptionen von Steve Jobs, Frida Kahlo, Elon Musk und Toni Morrison betrachtet und sie mit historischen vulkanischen Eruptionen verglichen. Diese Exkursionen zeigen, dass Kreativität oft aus Druck und Veränderung entsteht.

Reflexionsfragen:

Welche Geschichte hat dich am meisten inspiriert und warum?

Wie kannst du die Lehren aus diesen Geschichten in deinem eigenen kreativen Prozess anwenden?

Die Kultur des kreativen Vulkans

Eine lebendige kreative Kultur ist der Nährboden, auf dem innovative Ideen wachsen können. Wie die Erdschichten um einen Vulkan bieten die richtigen Bedingungen die nötige Unterstützung für kreative Eruptionen. In diesem Kapitel werden wir erkunden, wie du eine kreative Unternehmenskultur aufbauen kannst, die nicht nur die Kreativität einzelner fördert, sondern auch das gesamte Team inspiriert.

1. Die Grundlagen einer kreativen Kultur

Eine kreative Kultur entsteht nicht über Nacht. Sie erfordert bewusste Anstrengungen und Engagement von allen Beteiligten. Es geht darum, eine Umgebung zu schaffen, in der Ideen gedeihen können und jeder sich sicher fühlt, seine Gedanken zu teilen.

Schlüsselkomponenten:

Offene Kommunikation: Fördere eine Umgebung, in der Teammitglieder offen über ihre Ideen sprechen können. Hier sind regelmäßige Meetings und Feedback-Runden wichtig.

Fehlerfreundlichkeit: Schaffe eine Kultur, in der Fehler als Lernmöglichkeiten betrachtet werden. Das mindert die Angst vor dem Scheitern und ermutigt die Teammitglieder, neue Ideen auszuprobieren.

Praktische Herausforderung: Kommunikationsworkshop

Organisiere einen Workshop, in dem Teammitglieder ihre Ideen und Erfahrungen teilen können.

Diskutiere, wie Fehler in der Vergangenheit zu wichtigen Lernerfahrungen geführt haben.

Entwickle gemeinsam neue Wege, um offene Kommunikation zu fördern.

2. Kreative Räume schaffen

Der physische Raum kann einen erheblichen Einfluss auf die Kreativität haben. Ein inspirierendes Umfeld kann dazu beitragen, den kreativen Druck zu erhöhen und den Fluss von Ideen zu fördern.

Gestaltung kreativer Räume:

Flexible Arbeitsbereiche: Schaffe Bereiche, in denen Mitarbeiter zusammenarbeiten oder alleine arbeiten können, je nach ihren Bedürfnissen.

Visuelle Anreize: Dekoriere den Raum mit Kunst, Pflanzen oder inspirierenden Zitaten, um eine anregende Atmosphäre zu schaffen.

Praktische Herausforderung: Raumgestaltung

Lade dein Team ein, an der Gestaltung des kreativen Raums teilzunehmen.

Ermutige sie, Ideen für die Dekoration und die Ausstattung zu teilen.

Setze die Vorschläge um und beobachte, wie sich die Kreativität im Team verändert.

3. Förderung von Teamarbeit und Kollaboration

Kreativität gedeiht oft in Gemeinschaft. Durch Zusammenarbeit und Teamarbeit können Ideen weiterentwickelt und verbessert werden.

Strategien zur Förderung der Zusammenarbeit:

Interdisziplinäre Teams: Mische Mitarbeiter aus verschiedenen Abteilungen, um unterschiedliche Perspektiven und Fähigkeiten einzubringen.

Kollaborative Projekte: Organisiere Projekte, bei denen Teammitglieder gemeinsam an Lösungen arbeiten können.

Praktische Herausforderung: Interdisziplinäre Projektgruppe

Stelle ein Team aus Mitgliedern verschiedener Abteilungen zusammen.

Gebt euch ein gemeinsames Ziel, an dem ihr zusammenarbeitet.

Reflektiere regelmäßig über den Fortschritt und die Zusammenarbeit.

4. Die Rolle der Führung

Führungskräfte spielen eine entscheidende Rolle in der Schaffung einer kreativen Kultur. Ihre Einstellungen und Verhaltensweisen beeinflussen das gesamte Team und können den kreativen Prozess unterstützen oder hemmen.

Merkmale kreativer Führung:

Vorbildfunktion: Führungskräfte sollten selbst kreativ sein und ihre eigenen Ideen einbringen.

Ermutigung und Unterstützung: Schaffe eine Umgebung, in der Mitarbeiter ermutigt werden, ihre kreativen Impulse zu verfolgen.

Praktische Herausforderung: Feedback-Runde

Führe regelmäßige Feedback-Runden durch, in denen die Mitarbeiter ihre Ideen und Vorschläge präsentieren können.

Ermutige das Team, konstruktive Kritik zu üben und Ideen gemeinsam zu entwickeln.

Setze die vielversprechendsten Vorschläge in die Tat um.

Zusammenfassung des Kapitels

In diesem Kapitel hast du gelernt, wie wichtig eine kreative Unternehmenskultur für den kreativen Prozess ist. Offene Kommunikation, Fehlerfreundlichkeit, kreative Raumgestaltung und die Rolle der Führung sind Schlüsselfaktoren, die zur Entfaltung der Kreativität beitragen.

Reflexionsfragen:

Welche Maßnahmen kannst du ergreifen, um eine kreativitätsfördernde Umgebung zu schaffen?

Wie kannst du die Prinzipien einer kreativen Kultur in deinem eigenen Umfeld anwenden?

Kreativität im digitalen Vulkan

Das digitale Zeitalter hat die Art und Weise, wie wir denken, kommunizieren und kreativ arbeiten, revolutioniert. Technologien sind die neuen Vulkane, die Ideen sprudeln lassen und den kreativen Prozess beschleunigen. In diesem Kapitel werden wir untersuchen, wie digitale Werkzeuge, Social Media, künstliche Intelligenz und Remote-Arbeit unsere Kreativität fördern können.

1. Digitale Werkzeuge für kreatives Denken

Digitale Werkzeuge sind unverzichtbare Begleiter für kreative Köpfe. Sie ermöglichen es uns, Ideen festzuhalten, zu organisieren und zu entwickeln.

Beispiele für digitale Tools:

Mind-Mapping-Software: Programme wie MindMeister oder XMind helfen dabei, Gedanken visuell zu strukturieren.

Kollaborationstools: Plattformen wie Miro oder Trello ermöglichen die Zusammenarbeit in Echtzeit und fördern den kreativen Austausch.

Praktische Herausforderung: Entdecke digitale Werkzeuge

Wähle ein digitales Tool aus, das du noch nicht ausprobiert hast.

Setze es ein, um ein aktuelles Projekt zu planen oder Ideen zu sammeln.

Reflektiere, wie das Tool deine Kreativität beeinflusst hat.

2. Social Media als Inspirationsquelle

Social Media kann eine wertvolle Plattform für kreative Inspiration und den Austausch von Ideen sein. Durch Netzwerke wie Instagram, Pinterest oder LinkedIn kannst du neue Perspektiven und Trends entdecken.

Kreative Nutzung von Social Media:

Folge kreativen Köpfen: Suche nach Künstlern, Designern und Innovatoren, die dich inspirieren.

Teile deine Ideen: Nutze Social Media, um deine eigenen kreativen Projekte zu präsentieren und Feedback zu erhalten.

Praktische Herausforderung: Kreative Social-Media-Strategie

Erstelle einen Social-Media-Account, der sich ausschließlich deiner Kreativität widmet.

Teile regelmäßig deine Ideen, Projekte oder Inspirationen und baue eine Community auf.

Interagiere mit anderen, um neue Perspektiven zu gewinnen.

3. Künstliche Intelligenz als kreativer Partner

Künstliche Intelligenz (KI) eröffnet neue Möglichkeiten für kreatives Denken. Sie kann als Partner fungieren, der dir hilft, neue Ideen zu generieren oder bestehende Konzepte zu verbessern.

Beispiele für KI-Tools:

Textgeneratoren: Programme wie ChatGPT können dir helfen, Texte zu schreiben oder kreative Ideen zu entwickeln.

Kreative Bildgeneratoren: Tools wie DALL·E ermöglichen es dir, visuelle Inhalte basierend auf deinen Eingaben zu erstellen.

Praktische Herausforderung: Experimentiere mit KI

Nutze ein KI-Tool, um eine kreative Aufgabe zu erfüllen, z.B. einen kurzen Text zu einem Thema zu schreiben.

Reflektiere, wie die KI deinen kreativen Prozess beeinflusst hat.

Überlege, wie du KI als unterstützendes Werkzeug in zukünftigen Projekten einsetzen kannst.

4. Remote-Arbeit und kreative Freiheit

Die Zunahme der Remote-Arbeit hat die Möglichkeiten für kreatives Schaffen erweitert. Viele kreative Köpfe haben nun die Freiheit, von überall aus zu arbeiten, was den kreativen Prozess bereichern kann.

Vorteile der Remote-Arbeit:

Flexibilität: Du kannst in einer Umgebung arbeiten, die dich inspiriert, sei es im eigenen Zuhause, in einem Café oder in der Natur.

Vielfalt: Der Zugang zu globalen Netzwerken und Ideen ermöglicht es dir, neue Perspektiven in deine Arbeit einzubringen.

Praktische Herausforderung: Dein kreativer Arbeitsplatz

Gestalte deinen Arbeitsbereich so, dass er dich inspiriert und fördert.

Experimentiere mit verschiedenen Arbeitsumgebungen, um herauszufinden, wo du am kreativsten bist.

Führe regelmäßige „kreative Pausen" ein, in denen du deine Umgebung wechselst und neue Ideen sammelst.

Zusammenfassung des Kapitels

In diesem Kapitel hast du die Rolle der Technologie im kreativen Prozess kennengelernt. Digitale Werkzeuge, Social Media, künstliche Intelligenz und die Möglichkeiten der Remote-Arbeit sind kraftvolle Verbündete auf deiner kreativen Reise.

Reflexionsfragen:

Welche digitalen Werkzeuge möchtest du in deinem kreativen Prozess ausprobieren?

Wie können Social Media und KI deine Kreativität bereichern?

Blick in die Zukunft des Vulkans

Die Welt verändert sich schnell, und mit ihr die Art und Weise, wie wir kreativ denken und arbeiten. In diesem Kapitel werfen wir einen Blick in die Zukunft der Kreativität und erkunden die Trends, die unseren kreativen Prozess prägen werden. Wie ein Vulkan, der ständig in Bewegung ist, wird auch die kreative Landschaft von neuen Ideen und Technologien geformt. Lass uns herausfinden, was die Zukunft für kreative Köpfe bereithält!

1. Kreativität im Zeitalter der Digitalisierung

Die fortschreitende Digitalisierung verändert nicht nur unsere Arbeitsweise, sondern auch unsere Denkweisen. Kreativität wird zunehmend durch digitale Plattformen und Tools unterstützt, die uns neue Wege eröffnen, Ideen zu entwickeln und zu teilen.

Zukunftsvisionen:

Virtuelle Realität (VR): VR wird als kreatives Werkzeug zur Visualisierung und Simulation von Ideen zunehmend wichtiger. Künstler, Designer und Architekten können in immersiven Umgebungen arbeiten und ihre Konzepte in 3D erleben.

Augmented Reality (AR): AR ermöglicht es, digitale Informationen in die reale Welt zu integrieren, was kreative Präsentationen und Interaktionen bereichert.

Praktische Herausforderung: Experimentiere mit VR/AR

Nutze eine VR- oder AR-App, um ein kreatives Projekt zu entwickeln.

Reflektiere, wie diese Technologien deine Sichtweise auf Kreativität beeinflusst haben.

2. Interdisziplinäre Ansätze

Die Zukunft der Kreativität liegt in der Interdisziplinarität. Das Verschmelzen von Ideen aus verschiedenen Disziplinen kann zu innovativen Lösungen führen.

Beispiele für interdisziplinäre Innovationen:

Biomimikry: Das Lernen von der Natur, um kreative Lösungen zu entwickeln, wird immer populärer. Forscher und Designer arbeiten zusammen, um nachhaltige Produkte zu schaffen, die von natürlichen Systemen inspiriert sind.

Kreative Kooperationen: Künstler, Wissenschaftler und Technologen arbeiten zunehmend zusammen, um neue Ideen zu entwickeln und bestehende Konzepte zu hinterfragen.

Praktische Herausforderung: Interdisziplinäre Zusammenarbeit

Suche nach einem Partner aus einer anderen Disziplin (z.B. Wissenschaftler, Designer, Künstler).

Arbeitet an einem gemeinsamen Projekt oder einer Idee, die beide Perspektiven vereint.

3. Künstliche Intelligenz und Kreativität

Künstliche Intelligenz (KI) wird eine transformative Rolle im kreativen Prozess spielen. Sie wird nicht nur als Werkzeug zur Ideenfindung dienen, sondern auch als kreativer Partner.

Zukunftsperspektiven:

Kreative KI: KI-Algorithmen können Musik, Kunst und Texte generieren. Diese Technologien können als Ausgangspunkt für menschliche Kreativität dienen.

Personalisierte Kreativitätsförderung: KI kann individuelle Kreativitätsprofile erstellen und maßgeschneiderte Übungen und Ressourcen anbieten, die auf die Bedürfnisse des Benutzers abgestimmt sind.

Praktische Herausforderung: KI als Partner

Nutze ein KI-Tool, um einen kreativen Text, ein Bild oder Musikstück zu erstellen.

Reflektiere darüber, wie die KI deine Kreativität beeinflusst hat und welche Ideen daraus entstanden sind.

4. Nachhaltigkeit und kreative Verantwortung

In einer Zeit, in der ökologische Herausforderungen im Vordergrund stehen, wird nachhaltiges Denken ein zentraler Bestandteil kreativer Prozesse. Kreative Köpfe werden gefordert, verantwortungsbewusste Lösungen zu finden, die sowohl innovativ als auch umweltfreundlich sind.

Beispiele für nachhaltige Innovationen:

Nachhaltige Materialien: Designer und Hersteller entwickeln neue Produkte aus recycelten und umweltfreundlichen Materialien.

Social Entrepreneurship: Unternehmen, die soziale und ökologische Ziele verfolgen, sind auf dem Vormarsch und zeigen, wie Kreativität zur Lösung globaler Probleme eingesetzt werden kann.

Praktische Herausforderung: Nachhaltige Ideen entwickeln

Überlege dir ein kreatives Projekt, das sowohl innovativ als auch nachhaltig ist.

Entwickle einen Plan, wie du dieses Projekt in die Tat umsetzen kannst, unter Berücksichtigung ökologischer Auswirkungen.

Zusammenfassung des Kapitels

In diesem Kapitel hast du einen Blick in die Zukunft der Kreativität geworfen. Die Digitalisierung, interdisziplinäre Ansätze, die Rolle der künstlichen Intelligenz und nachhaltiges Denken sind Schlüsselthemen, die unsere kreative Landschaft prägen werden.

Reflexionsfragen:

Welche der zukünftigen Trends sind für dich am relevantesten?

Wie kannst du dich auf diese Entwicklungen vorbereiten und sie in deinen kreativen Prozess integrieren?

9

Deine kreative Reise beginnt

Du hast nun die verschiedenen Phasen des kreativen Prozesses erkundet, Techniken zur Förderung deiner Kreativität kennengelernt und inspirierende Geschichten von Innovatoren gelesen. Du bist bereit, deine eigene kreative Reise zu beginnen – wie ein Vulkan, der darauf wartet, auszubrechen und die Welt mit seinen Ideen zu bereichern. In diesem Kapitel fassen wir die wichtigsten Erkenntnisse zusammen und geben dir einen klaren Aktionsplan für deine kreative Zukunft.

1. Rückblick auf die Eruptionsphasen

Erinnere dich an die drei Eruptionsphasen: Druckaufbau, Eruption und Nachglühen. Jede Phase hat ihren eigenen Wert und ihre eigenen Herausforderungen:

Druckaufbau: Nutze diese Phase, um Ideen zu sammeln und kreative Inspirationen zu suchen. Halte ein Journal und dokumentiere deine Gedanken, um einen klaren Überblick über deine kreativen Impulse zu erhalten.

Eruption: Wenn der kreative Druck erreicht ist, erlaube dir, Ideen sprudeln zu lassen. Nutze Techniken wie Brainstorming und Mind Mapping, um deine Gedanken zu visualisieren und neue Wege zu finden.

Nachglühen: Verfeinere deine besten Ideen und entwickle einen Plan zur Umsetzung. Reflektiere über den Prozess und lerne aus deinen Erfahrungen.

2. Techniken für kreative Abenteuer

Die in den vorherigen Kapiteln vorgestellten Techniken sind
wertvolle Werkzeuge auf deiner kreativen Reise. Hier sind einige,
die du in deinem Alltag anwenden kannst:

Kreative Herausforderungen: Setze dir täglich neue Herausforderungen, um deinen kreativen Muskel zu trainieren.

Interaktive Zusammenarbeit: Suche den Austausch mit anderen, um neue Perspektiven zu gewinnen und Ideen zu entwickeln.

Digitale Werkzeuge: Nutze digitale Tools, um deine Kreativität zu unterstützen und den kreativen Prozess zu organisieren.

3. Deine persönliche Kreativitätskultur

Es ist wichtig, eine persönliche Kultur der Kreativität zu entwickeln. Hier sind einige Schritte, um dies zu erreichen:

Rituale entwickeln: Finde heraus, welche Rituale dir helfen, in den kreativen Fluss zu kommen – sei es durch regelmäßige Meditation, Spaziergänge in der Natur oder das Hören bestimmter Musik.

Ein kreatives Umfeld schaffen: Gestalte deinen Arbeitsbereich so, dass er dich inspiriert und deine Kreativität fördert. Integriere Farben, Bilder oder Objekte, die für dich bedeutungsvoll sind.

4. Der Aufruf zum Handeln

Jetzt, da du mit den Werkzeugen und Techniken ausgestattet bist, ist es an der Zeit, zu handeln. Lass den Vulkan in dir erblühen und nutze deine Kreativität, um positive Veränderungen in deinem Leben und in der Welt um dich herum zu bewirken.

Setze dir Ziele: Definiere klare, erreichbare Ziele für deine kreativen Projekte und setze Schritte fest, um diese zu erreichen.

Bleibe neugierig: Lass dich von neuen Ideen inspirieren und sei bereit, deinen kreativen Prozess immer wieder anzupassen.

Teile deine Ideen: Sei nicht scheu, deine kreativen Werke mit anderen zu teilen. Feedback kann wertvoll sein, um deine Fähigkeiten weiterzuentwickeln.

Zusammenfassung des Kapitels

In diesem Kapitel haben wir die wichtigsten Erkenntnisse aus dem Buch zusammengefasst und dir einen klaren Aktionsplan für deine kreative Reise gegeben. Du bist nun bereit, den Vulkan in dir zum Ausbrechen zu bringen und die Welt mit deinen Ideen zu bereichern.

Reflexionsfragen:

Welche Schritte wirst du als Nächstes unternehmen, um deine Kreativität zu fördern?

Wie kannst du die Prinzipien, die du gelernt hast, in deinem Alltag anwenden?

Abschlussgedanken

Jede kreative Eruption ist einzigartig und wertvoll. Du hast die Fähigkeit, deine Ideen in die Welt zu bringen und einen Unterschied zu machen. Lass deine Kreativität sprudeln – die Welt wartet auf deine einzigartigen Beiträge. Nutze die Tools aus diesem Buch dazu. **Die Eruption deiner Kreativität beginnt jetzt!**

www.ingramcontent.com/pod-product-compliance
Lightning Source LLC
Chambersburg PA
CBHW061545250726

48657CB00006B/2296